I0375513

卞尺丹几乙し丹卞と

Translated Language Learning

翻訳された言語学習

Translated Language Learning

Aladdin and the Wonderful Lamp

Аладдін і чудесна лампа

Antoine Galland

English / українська

Copyright © 2023 Tranzlaty
All rights reserved
Published by Tranzlaty
ISBN: 978-1-83566-065-2
Original text by Antoine Galland
From ' *'Les mille et une nuits''*
First published in French in 1704
Taken from The Blue Fairy Book
Collected and translated by Andrew Lang
www.tranzlaty.com

Aladdin and the Wonderful Lamp
Аладдін і чудесна лампа

Once upon a time there lived a poor tailor
Жив-був бідний кравець
he had a son called Aladdin
у нього був син на ім'я Аладдін
Aladdin was a careless, idle boy who would do nothing
Аладдін був легковажним, бездіяльним хлопчиком, який нічого не робив
although, he did like to play ball all day long
Хоча він любив цілими днями грати в м'яча
this he did in the streets with other little idle boys
Це він робив на вулицях разом з іншими маленькими неробами
This so grieved the father that he died
Це так засмутило батька, що він помер
his mother cried and prayed but nothing helped
Мати плакала і молилася, але нічого не допомагало
despite her pleading, Aladdin did not mend his ways
незважаючи на її благання, Аладдін не виправив своїх шляхів
One day Aladdin was playing in the streets as usual
Одного разу Аладдін, як завжди, грався на вулицях
a stranger asked him his age
Незнайомець запитав у нього, скільки йому років
and he asked him if he was not the son of Mustapha the tailor
І спитав його, чи він не син кравця Мустафи
"I am the son of Mustapha, sir" replied Aladdin
— Я син Мустафи,, — відповів Аладдін
"but he died a long time ago"

«Але він давно помер»
the stranger was a famous African magician
незнайомець був відомим африканським магом
and he fell on his neck and kissed him
І він упав йому на шию, і поцілував його
"I am your uncle" said the magician
— Я твій дядько, — сказав чарівник
"I knew you from your likeness to my brother"
«Я знав тебе за твоєю подобою до мого брата»
"Go to your mother and tell her I am coming"
«Іди до своєї матері і скажи їй, що я прийду»
Aladdin ran home and told his mother of his newly found uncle
Аладдін побіг додому і розповів матері про свого новознайденого дядька
"Indeed, child," she said, "your father had a brother"
— Справді, дитино,— сказала вона,— у твого батька був брат.
"but I always thought he was dead"
"Але я завжди думала, що він мертвий"
However, she prepared supper for the visitor
Однак вона приготувала для відвідувача вечерю
and she bade Aladdin to seek his uncle
і вона наказала Аладдіну шукати свого дядька
Aladdin's uncle came laden with wine and fruit
Прийшов дядько Аладдіна з вином і фруктами
He fell down and kissed the place where Mustapha used to sit
Він упав і поцілував місце, де сидів Мустафа
and he bid Aladdin's mother not to be surprised
і він попросив матір Аладдіна не дивуватися
he explained he had been out of the country forty years
Він пояснив, що сорок років був поза країною

He then turned to Aladdin and asked him his trade
Потім він звернувся до Аладдіна і запитав його про його ремесло
but the boy hung his head in shame
Але хлопець сором'язливо повісив голову
and his mother burst into tears
А мати розплакалася
so Aladdin's uncle offered to provide food
Тож дядько Аладдіна запропонував дати їжу

The next day he bought Aladdin a fine suit of clothes
Наступного дня він купив Аладдіну гарний костюм одягу
and he took him all over the city
І він водив його по всьому місту
he showed him the sights of the city
Він показав йому визначні пам'ятки міста
at nightfall he brought him home to his mother
З настанням темряви він приніс його додому до матері
his mother was overjoyed to see her son so fine
Його мати дуже зраділа, побачивши свого сина таким прекрасним
The next day the magician led Aladdin into some beautiful gardens
Наступного дня маг повів Аладдіна в кілька прекрасних садів
this was a long way outside the city gates
Це був довгий шлях за міськими воротами
They sat down by a fountain
Вони сіли біля фонтану
and the magician pulled a cake from his girdle
І чарівник витяг з пояса пиріг

he divided the cake between the two of them
Він розділив пиріг між ними двома
Then they journeyed onward till they almost reached the mountains
Потім вони йшли далі, поки майже не дійшли до гір
Aladdin was so tired that he begged to go back
Аладдін був настільки втомлений, що благав повернутися назад
but the magician beguiled him with pleasant stories
Але чарівник спокусив його приємними історіями
and he led him on in spite of his laziness
І він вів його далі, незважаючи на його лінощі
At last they came to two mountains
Нарешті вони підійшли до двох гір
the two mountains were divided by a narrow valley
Дві гори були розділені вузькою долиною
"We will go no farther" said the false uncle
— Далі ми не підемо, — сказав фальшивий дядько
"I will show you something wonderful"
«Я покажу тобі щось чудове»
"gather up sticks while I kindle a fire"
«Збирай палиці, поки я розпалюю вогонь»
When the fire was lit the magician threw a powder on it
Коли вогонь запалювався, фокусник кидав на нього порошок
and he said some magical words
І він сказав кілька чарівних слів
The earth trembled a little and opened in front of them
Земля трохи здригнулася і розкрилася перед ними
a square flat stone revealed itself
Розкрився квадратний плоский камінь
and in the middle of the the stone was a brass ring
А посередині каменя був мідний перстень

Aladdin tried to run away
Аладдін намагався втекти
but the magician caught him
Але чарівник зловив його
and gave him a blow that knocked him down
і завдав йому удару, який збив його з ніг
"What have I done, uncle?" he said piteously
«Що я зробив, дядьку?» — жалібно спитав він
the magician said more kindly: "Fear nothing, but obey me"
чарівник сказав ласкавіше: «Нічого не бійся, але слухайся мене»
"Beneath this stone lies a treasure which is to be yours"
"Під цим каменем лежить скарб, який має бути вашим"
"and no one else may touch it"
«І ніхто інший не може його чіпати»
"so you must do exactly as I tell you"
"Отже, ви повинні робити саме так, як я вам кажу"
At the mention of treasure Aladdin forgot his fears
При згадці про скарб Аладдін забув про свої страхи
he grasped the ring as he was told
Він схопився за перстень, як йому сказали
and he said the names of his father and grandfather
І він назвав імена свого батька та діда
The stone came up quite easily
Камінь підійшов досить легко
and some steps appeared in front of them
І перед ними з'явилися якісь сходинки
"Go down" said the magician
— Спускайся, — сказав чарівник
"at the foot of those steps you will find an open door"

«Біля підніжжя цих сходів ви знайдете відчинені двері»
"the door leads into three large halls"
«Двері ведуть у три великі зали»
"Tuck up your gown and go through the halls"
«Заправляй халат і йди коридорами»
"make sure not to touching anything"
«Слідкуйте за тим, щоб нічого не чіпати»
"if you touch anything, you will die instantly"
«Доторкнешся до чого-небудь, помреш миттєво»
"These halls lead into a garden of fine fruit trees"
«Ці зали ведуть у сад чудових фруктових дерев»
"Walk on until you come to a niche in a terrace"
«Іди далі, поки не дійдеш до ніші на терасі»
"there you will see a lighted lamp"
«Там ти побачиш запалену лампу»
"Pour out the oil of the lamp"
«Вилийте олію з лампи»
"and then bring me the lamp"
— А потім принеси мені світильника.
He drew a ring from his finger and gave it to Aladdin
Він витягнув з пальця перстень і віддав його Аладдіну
and he bid him to prosper
І він попросив його процвітати
Aladdin found everything as the magician had said
Аладдін знайшов все, як сказав маг
he gathered some fruit off the trees
Він зібрав плоди з дерев
and, having got the lamp, he arrived at the mouth of the cave
І, взявши світильник, він прийшов до гирла печери
The magician cried out in a great hurry
— вигукнув фокусник у великому поспіху

"Make haste and give me the lamp"
«Поспіши і дай мені світильник»
This Aladdin refused to do until he was out of the cave
Аладдін відмовився це зробити, поки не вийшов з печери
The magician flew into a terrible passion
Фокусник влетів у страшну пристрасть
he threw some more powder on to the fire
Він кинув у вогонь ще трохи порошку
and then he cast another magic spell
А потім наклав ще одне магічне заклинання
and the stone rolled back into its place
І камінь покотився на своє місце
The magician left Persia for ever
Маг назавжди покинув Персію
this plainly showed that he was no uncle of Aladdin's
це ясно показувало, що він не був дядьком Аладдіна
what he really was was a cunning magician
Насправді він був хитрим чарівником
a magician who had read of a wonderful lamp
чарівник, який прочитав про чудову лампу
a lamp which would make him the most powerful man in the world
лампа, яка зробить його наймогутнішою людиною у світі
but he alone knew where to find it
Але тільки він один знав, де його знайти
and he could only receive it from the hand of another
І він міг отримати її тільки з рук іншого
He had picked out the foolish Aladdin for this purpose
Для цього він вибрав дурного Аладдіна
he had intended to get the lamp and kill him afterwards
Він мав намір дістати лампу і вбити його після цього

For two days Aladdin remained in the dark
Два дні Аладдін залишався в темряві
he cried and lamented his situation
Він плакав і нарікав на своє становище
At last he clasped his hands in prayer
Нарешті він сплеснув руками в молитві
and in so doing he rubbed the ring
І при цьому він потер перстень
the magician had forgotten to take the ring back from him
Фокусник забув забрати у нього перстень
Immediately an enormous and frightful genie rose out of the earth
У ту ж мить із землі піднявся величезний і страшний джин
"What would thou have me do?"
"Що ти хочеш, щоб я зробив?"
"I am the Slave of the Ring"
«Я — раб персня»
"and I will obey thee in all things"
"І я буду слухатися тебе в усьому"
Aladdin fearlessly replied: "Deliver me from this place!"
Аладдін безстрашно відповів: «Визволи мене звідси!»
and the earth opened above him
І земля відкрилася над ним
and he found himself outside
І він опинився надворі
As soon as his eyes could bear the light he went home
Як тільки його очі витримали світло, він пішов додому
but he fainted when he got there

Але він знепритомнів, коли дістався туди
When he came to himself he told his mother what had happened
Прийшовши до тями, він розповів матері про те, що сталося
and he showed her the lamp
І він показав їй світильник
and he shower her the the fruits he had gathered in the garden
І він обсипав її плодами, які зібрав у саду
the fruits were, in reality, precious stones
Плоди насправді були дорогоцінним камінням
He then asked for some food
Потім він попросив поїсти
"Alas! child" she said
— На жаль! дитина", - сказала вона
"I have nothing in the house"
«У мене в хаті нічого немає»
"but I have spun a little cotton"
«Але я трохи бавовни пряла»
"and I will go and sell the cotton"
«А я піду і продам бавовну»
Aladdin bade her keep her cotton
Аладдін наказав їй тримати бавовну
he told her he would sell the lamp instead of the cotton
Він сказав їй, що продасть лампу замість бавовни
As it was very dirty she began to rub the lamp
Оскільки вона була дуже брудна, вона почала терти лампу
a clean lamp might fetch a higher price
Чиста лампа може коштувати дорожче
Instantly a hideous genie appeared
Вмить з'явився огидний джин

he asked what she would like to have
Він запитав, що б вона хотіла мати
at the sight of the genie she fainted
Побачивши джина, вона знепритомніла
but Aladdin, snatching the lamp, said boldly:
але Аладдін, вихопивши лампу, сміливо сказав:
"Fetch me something to eat!"
— Принесіть мені що-небудь поїсти!
The genie returned with a silver bowl
Джин повернувся зі срібною чашею
he had twelve silver plates containing rich meats
У нього було дванадцять срібних пластин з багатим м'ясом
and he had two silver cups and two bottles of wine
І було в нього дві срібні чаші та дві пляшки вина
Aladdin's mother, when she came to herself, said:
Мати Аладдіна, прийшовши до тями, сказала:
"Whence comes this splendid feast?"
— Звідки ж цей пишний бенкет?
"Ask not where it came from, but eat, mother" replied Aladdin
— Не питай, звідки воно взялося, а їж, мамо, — відповів Аладдін
So they sat at breakfast till it was dinner-time
Так вони сиділи за сніданком, поки не настав час обіду
and Aladdin told his mother about the lamp
і Аладдін розповів матері про лампу
She begged him to sell it
Вона благала його продати її
"let us have nothing to do with devils"
«Не будемо мати нічого спільного з чортами»
but Aladdin had thought it would be wiser to use the lamp

але Аладдін подумав, що розумніше було б скористатися лампою

"chance hath made us aware of its virtues"

"Випадок дав нам знати про його чесноти"

"we will use it, and the ring likewise"

"Ми будемо використовувати його, і кільце так само"

"I shall always wear it on my finger"

«Я завжди буду носити його на пальці»

When they had eaten all the genie had brought, Aladdin sold one of the silver plates

Коли вони з'їли все, що приніс джин, Аладдін продав одну зі срібних тарілок

and when he needed money again he sold the next plate

І коли йому знову знадобилися гроші, він продав наступну тарілку

he did this until no plates were left

Він робив це до тих пір, поки не залишилося жодної пластини

He then he made another wish to the genie

Потім він загадав джину ще одне бажання

and the genie gave him another set of plates

І джин подарував йому ще один набір тарілок

and thus they lived for many years

І так вони жили багато років

One day Aladdin heard an order from the Sultan

Одного разу Аладдін почув наказ від султана

everyone was to stay at home and close their shutters

Всі повинні були залишитися вдома і закрити віконниці

the Princess was going to and from her bath

Принцеса йшла до своєї ванни і назад

Aladdin was seized by a desire to see her face

Аладдіна охопило бажання побачити її обличчя
although it was very difficult to see her face
Хоча розгледіти її обличчя було дуже важко
because everywhere she went she wore a veil
Тому що куди б вона не пішла, вона носила фату
He hid himself behind the door of the bath
Він сховався за дверима лазні
and he peeped through a chink in the door
І він зазирнув крізь щілину в дверях
The Princess lifted her veil as she went in to the bath
Принцеса підняла фату, заходячи у ванну
and she looked so beautiful that Aladdin fell in love with her at first sight
і виглядала вона так красиво, що Аладдін закохався в неї з першого погляду
He went home so changed that his mother was frightened
Він повернувся додому так змінився, що мама злякалася
He told her he loved the Princess so deeply that he could not live without her
Він сказав їй, що любить принцесу так сильно, що не може жити без неї
and he wanted to ask her in marriage of her father
І він хотів попросити її заміж за батька її
His mother, on hearing this, burst out laughing
Мати, почувши це, розреготалася
but Aladdin at last prevailed upon her to go before the Sultan
але Аладдін нарешті переконав її піти до султана
and she was going to carry his request
І вона збиралася нести його прохання
She fetched a napkin and laid in it the magic fruits

Вона взяла серветку і поклала в неї чарівні плоди
the magic fruits from the enchanted garden
Чарівні плоди із зачарованого саду
the fruits sparkled and shone like the most beautiful jewels
Плоди виблискували і сяяли, як найкрасивіші коштовності
She took the magic fruits with her to please the Sultan
Чарівні плоди вона взяла з собою, щоб порадувати султана
and she set out, trusting in the lamp
І вона вирушила в дорогу, покладаючись на світильник
The Grand Vizier and the lords of council had just gone into the palace
Великий візир і володарі ради щойно зайшли до палацу
and she placed herself in front of the Sultan
І вона стала перед султаном
He, however, took no notice of her
Однак він не звернув на неї уваги
She went every day for a week
Вона ходила щодня протягом тижня
and she stood in the same place
І вона стояла на тому ж місці
When the council broke up on the sixth day the Sultan said to his Vizier:
Коли на шостий день собор розпався, султан сказав своєму візиру:
"I see a certain woman in the audience-chamber every day"
«Я щодня бачу в залі для глядачів якусь жінку»
"she is always carrying something in a napkin"

«Вона завжди щось несе в серветці»
"Call her to come to us, next time"
«Зателефонуйте їй, щоб вона приїхала до нас наступного разу»
"so that I may find out what she wants"
«Щоб я дізнався, чого вона хоче»
Next day the Vizier gave her a sign
Наступного дня візир дав їй знак
she went up to the foot of the throne
Вона піднялася до підніжжя престолу
and she remained kneeling till the Sultan spoke to her
І вона стояла на колінах, поки султан не заговорив до неї
"Rise, good woman, tell me what you want"
«Встань, добра жінко, скажи мені, чого хочеш»
She hesitated, so the Sultan sent away all but the Vizier
Вона вагалася, тому султан відіслав усіх, крім візира
and he bade her to speak frankly
І він попросив її говорити відверто
and he promised to forgive her for anything she might say
І він пообіцяв пробачити їй все, що вона скаже
She then told him of her son's violent love for the Princess
Потім вона розповіла йому про бурхливе кохання сина до принцеси
"I prayed him to forget her" she said
"Я благала його, щоб він забув її", — сказала вона
"but the prayers were in vain"
«Але молитви були марні»
"he threatened to do some desperate deed if I refused to go"

«Він погрожував зробити якийсь відчайдушний вчинок, якщо я відмовляюся їхати»
"and so I ask your Majesty for the hand of the Princess"
"І тому я прошу у вашої величності руки принцеси"
"but now I pray you to forgive me"
"Але тепер я благаю тебе, щоб ти пробачив мене"
"and I pray that you forgive my son Aladdin"
"І я молюся, щоб ти пробачив мого сина Аладдіна"
The Sultan asked her kindly what she had in the napkin
Султан ласкаво запитав її, що у неї в серветці
so she unfolded the napkin
І вона розгорнула серветку
and she presented the jewels to the Sultan
І вона подарувала коштовності султанові
He was thunderstruck by the beauty of the jewels
Він був вражений красою коштовностей
and he turned to the Vizier and asked "What sayest thou?"
І він обернувся до візира і запитав: "Що ти кажеш?"
"Ought I not to bestow the Princess on one who values her at such a price?"
— Чи не повинен я віддати принцесу тому, хто цінує її такою ціною?
The Vizier wanted her for his own son
Візир хотів її собі за рідного сина
so he begged the Sultan to withhold her for three months
Тому він благав султана затримати її на три місяці
perhaps within the time his son would contrive to make a richer present
Можливо, за цей час його син зуміє зробити багатший подарунок
The Sultan granted the wish of his Vizier

Султан виконав бажання свого візира
and he told Aladdin's mother that he consented to the marriage
і він сказав матері Аладдіна, що згоден на шлюб
but she must not appear before him again for three months
Але вона не повинна з'являтися перед ним більше три місяці
Aladdin waited patiently for nearly three months
Аладдін терпляче чекав майже три місяці
after two months had elapsed his mother went to go to the market
Через два місяці мама пішла на базар
she was going into the city to buy oil
Вона йшла в місто купувати нафту
when she got to the market found every one rejoicing
Коли вона прийшла на базар, то побачила, що всі радіють
so she asked what was going on
Тож вона запитала, що відбувається
"Do you not know?" was the answer
«Хіба ти не знаєш?» — була відповідь
"the son of the Grand Vizier is to marry the Sultan's daughter tonight"
«Син великого візира сьогодні ввечері має одружитися з дочкою султана»
Breathless, she ran and told Aladdin
Затамувавши подих, вона побігла і сказала Аладдіну
at first Aladdin was overwhelmed
спочатку Аладдін був приголомшений
but then he thought of the lamp and rubbed it
Але потім він подумав про лампу і потер її

once again the the genie appeared out of the lamp
Знову Джин з'явився з лампи

"What is thy will?" asked the genie
«Яка твоя воля?» — запитав джин

"The Sultan, as thou knowest, has broken his promise to me"
"Султан, як ти знаєш, порушив свою обіцянку, дану мені"

"the Vizier's son is to have the Princess"
«Син візира повинен мати принцесу»

"My command is that tonight you bring the bride and bridegroom"
«Я наказую, щоб сьогодні ввечері ви привели нареченого і наречену»

"Master, I obey" said the genie
— Хазяїне, я слухаюся, — сказав джин

Aladdin then went to his chamber
Потім Аладдін пішов до своєї кімнати

sure enough, at midnight the genie transported a bed
Звичайно, опівночі джин перевозив ліжко

and the bed contained the Vizier's son and the Princess
а в ліжку лежали син візира і принцеса

"Take this new-married man, genie" he said
— Візьми цього новоспеченого чоловіка, джині, — сказав він

"put him outside in the cold for the night"
«Покладіть його на ніч на мороз»

"then return them again at daybreak"
«Потім поверніть їх знову на світанку»

So the genie took the Vizier's son out of bed
Так джин підняв з ліжка сина візира

and he left Aladdin with the Princess
і він залишив Аладдіна з принцесою

"Fear nothing," Aladdin said to her, "you are my wife"
— Нічого не бійся, — сказав їй Аладдін, — ти моя дружина.
"you were promised to me by your unjust father"
«Тебе обіцяв мені твій несправедливий батько»
"and no harm shall come to you"
"І ніяке зло не прийде до тебе"
The Princess was too frightened to speak
Принцеса була надто налякана, щоб говорити
and she passed the most miserable night of her life
І вона провела найнещаснішу ніч у своєму житті
although Aladdin lay down beside her and slept soundly
хоча Аладдін ліг поруч з нею і міцно спав
At the appointed hour the genie fetched in the shivering bridegroom
У призначений час джин приніс тремтячого нареченого
he laid him in his place
Він поклав його на своє місце
and he transported the bed back to the palace
І він перевіз ліжко назад до палацу
Presently the Sultan came to wish his daughter good-morning
Ось султан прийшов побажати дочці доброго ранку
The unhappy Vizier's son jumped up and hid himself
Нещасний син візира схопився і сховався
and the Princess would not say a word
І Принцеса не сказала ні слова
and she was very sorrowful
І вона була дуже засмучена
The Sultan sent her mother to her
Султан послав до неї матір

"Why will you not speak to your father, child?"
— Чому ти не будеш говорити з батьком, дитино?
"What has happened?" she asked
«Що сталося?» — запитала вона
The Princess sighed deeply
Принцеса глибоко зітхнула
and at last she told her mother what had happened
І нарешті вона розповіла матері про те, що сталося
she told her how the bed had been carried into some strange house
Вона розповіла, як ліжко занесли в якусь чужу хату
and she told of what had happened in the house
І вона розповіла про те, що сталося в домі
Her mother did not believe her in the least
Мати анітрохи не повірила їй
and she bade her to consider it an idle dream
І вона попросила її вважати це пустою мрією
The following night exactly the same thing happened
Наступної ночі сталося те ж саме
and the next morning the princess wouldn't speak either
А наступного ранку принцеса теж не заговорила
on the Princess's refusal to speak, the Sultan threatened to cut off her head
на відмову принцеси говорити, султан пригрозив відрубати їй голову
She then confessed all that had happened
Потім вона зізналася у всьому, що сталося
and she bid him to ask the Vizier's son
І вона наказала йому спитати сина візира
The Sultan told the Vizier to ask his son
Султан наказав візиру попросити сина
and the Vizier's son told the truth
і син візира сказав правду

he added that he dearly loved the Princess
Він додав, що дуже любить принцесу
"but I would rather die than go through another such fearful night"
«Але я краще помру, ніж переживу ще одну таку страшну ніч»
and he wished to be separated from her, which was granted
І він забажав розлучитися з нею, що було даровано
and there was an end to feasting and rejoicing
І скінчився бенкет і веселощі

then the three months were over
Потім три місяці скінчилися
Aladdin sent his mother to remind the Sultan of his promise
Аладдін послав матір нагадати султану про свою обіцянку
She stood in the same place as before
Вона стояла на тому ж місці, що й раніше
the Sultan had forgotten Aladdin
султан забув Аладдіна
but at once he remembered him again
Але відразу ж він знову згадав про нього
and he asked for her to come to him
І він попросив, щоб вона прийшла до нього
On seeing her poverty the Sultan felt less inclined than ever to keep his word
Побачивши її бідність, султан відчув себе менш схильним, ніж будь-коли, дотримати свого слова
and he asked his Vizier's advice
і він спитав поради у свого візира
he counselled him to set a high value on the Princess

він порадив йому високо цінувати принцесу
a price so high that no man living could come up to it
Ціна настільки висока, що жодна жива людина не змогла б підійти до неї
The Sultan then turned to Aladdin's mother, saying:
Тоді султан звернувся до матері Аладдіна і сказав:
"Good woman, a Sultan must remember his promises"
«Добра жінка, султан повинен пам'ятати свої обіцянки»
"and I will remember my promise"
"І я запам'ятаю свою обіцянку"
"but your son must first send me forty basins of gold"
«Але твій син повинен спершу прислати мені сорок тазиків золота»
"and the gold basins must be brimful of jewels"
«А золоті умивальниці мають бути наповнені самоцвітами»
"and they must be carried by forty black camels"
"І їх повинні нести сорок чорних верблюдів"
"and in front of each black camel there is to be a white one"
«А перед кожним чорним верблюдом має бути білий»
"and they are all to be splendidly dressed"
«І всі вони будуть пишно одягнені»
"Tell him that I await his answer"
«Скажи йому, що я чекаю його відповіді»
The mother of Aladdin bowed low
Мати Аладдіна низько вклонилася
and then she went home
А потім пішла додому
although she thought all was lost
Хоча вона думала, що все втрачено
She gave Aladdin the message

Вона передала Аладдіну послання
and she added, "He may wait long enough for your answer!"
І додала: "Він може досить довго чекати на твою відповідь!"
"Not so long as you think, mother" her son replied
— Не так довго, як ти думаєш, мамо, — відповів син
"I would do a great deal more than that for the Princess"
«Я зробив би для принцеси набагато більше, ніж це»
and he summoned the genie again
І він знову викликав джина
and in a few moments the eighty camels arrived
І за кілька хвилин прибуло вісімдесят верблюдів
and they took up all space in the small house and garden
І вони зайняли все місце в маленькому будиночку і саду
Aladdin made them set out to the palace
Аладдін змусив їх вирушити до палацу
and they were followed by his mother
А за ними пішла його мати
They were very richly dressed
Вони були дуже багато одягнені
and splendid jewels were on their girdles
А на поясах у них були розкішні самоцвіти
and everyone crowded around to see them
І всі юрмилися навколо, щоб побачити їх
and the basins of gold they carried on their backs
і золоті умивальниці носили на своїх спинах
They entered the palace of the Sultan
Вони увійшли до палацу султана
and they kneeled before him in a semi circle
І вони стали навколішки перед ним півколом

and Aladdin's mother presented them to the Sultan
і мати Аладдіна подарувала їх султану
He hesitated no longer, but said:
Він більше не вагався, а сказав:
"Good woman, return to your son"
«Добра жінка, повернися до сина»
"tell him that I wait for him with open arms"
«скажи йому, що чекаю на нього з розпростертими обіймами»
She lost no time in telling Aladdin
Вона, не гаючи часу, розповіла про це Аладдіну
and she bid him make haste
І вона сказала йому поспішити
But Aladdin first called for the genie
Але Аладдін спочатку покликав джина
"I want a scented bath" he said
"Я хочу ароматизовану ванну", - сказав він
"and I want a horse more beautiful than the Sultan's"
«А я хочу коня красивішого, ніж у султана»
"and I want twenty servants to attend me"
"І я хочу, щоб двадцять слуг приходили до мене"
"and I also want six beautifully dressed servants to wait on my mother
— А ще я хочу, щоб шестеро гарно вбраних слуг чекали на мою матір
"and lastly, I want ten thousand pieces of gold in ten purses"
"І, нарешті, я хочу десять тисяч золотих у десяти гаманцях"
No sooner had he said what he wanted and it was done
Як тільки він сказав, що хотів, і це було зроблено
Aladdin mounted his beautiful horse
Аладдін осідлав свого прекрасного коня

and he passed through the streets
І він проходив вулицями
the servants cast gold into the crowd as they went
Слуги кидали золото в натовп
Those who had played with him in his childhood knew him not
Ті, хто грався з ним у дитинстві, не знали його
he had grown very handsome
Він виріс дуже вродливим
When the Sultan saw him he came down from his throne
Коли султан побачив його, він зійшов зі свого трону
he embraced his new son in law with open arms
Він обійняв свого новонародженого зятя з розпростертими обіймами
and he led him into a hall where a feast was spread
І він повів його до зали, де був розбитий бенкет
he intended to marry him to the Princess that very day
він мав намір одружити його з принцесою того ж дня
But Aladdin refused to marry straight away
Але Аладдін відразу відмовився одружуватися
"first I must build a palace fit for the princess"
«Спочатку я мушу побудувати палац, придатний для принцеси»
and then he took his leave
А потім узяв відпустку
Once home, he said to the genie:
Прийшовши додому, він сказав джину:
"Build me a palace of the finest marble"
«Збудуй мені палац з найкращого мармуру»
"set the palace with jasper, agate, and other precious stones"

«Прикрасьте палац яшмою, агатом та іншим дорогоцінним камінням»
"In the middle you shall build me a large hall with a dome"
«Посередині збудуєш мені велику залу з куполом»
"its four walls will be of masses of gold and silver"
«Чотири стіни його будуть із мас золота та срібла»
"and each wall will have six windows"
«І в кожній стіні буде по шість вікон»
"and the lattices of the windows will be set with precious jewels"
«І грати вікон будуть прикрашені дорогоцінними самоцвітами»
"but there must be one window that is not decorated"
«Але має бути одне вікно, яке не прикрашене»
"go see that it gets done!"
— Іди подивися, щоб це було зроблено!
The palace was finished by the next day
Палац був закінчений на наступний день
the genie carried him to the new palace
Джин відніс його до нового палацу
and he showed him how all his orders had been faithfully carried out
І він показав йому, як вірно виконувалися всі його накази
even a velvet carpet had been laid from Aladdin's palace to the Sultan's
навіть оксамитовий килим був постелений від палацу Аладдіна до палацу султана
Aladdin's mother then dressed herself carefully
Тоді мати Аладдіна старанно одяглася
and she walked to the palace with her servants
І пішла вона до палацу зі своїми слугами

and Aladdin followed her on horseback
А Аладдін поїхав за нею верхи на коні
The Sultan sent musicians with trumpets and cymbals to meet them
Султан послав їм назустріч музикантів з трубами і цимбалами
so the air resounded with music and cheers
Тож повітря лунало музикою та вигуками
She was taken to the Princess, who saluted her
Її відвели до принцеси, яка привітала її
and she treated her with great honour
І вона ставилася до неї з великою пошаною
At night the Princess said good-by to her father
Вночі принцеса попрощалася з батьком
and she set out on the carpet for Aladdin's palace
і вона вирушила на килим до палацу Аладдіна
his mother was at her side
Поруч з нею була його мати
and they were followed by their entourage of servants
А за ними пішла їхня свита слуг
She was charmed at the sight of Aladdin
Вона була зачарована, побачивши Аладдіна
and Aladdin ran to receive her into the palace
І Аладдін побіг прийняти її до палацу
"Princess," he said "blame your beauty for my boldness
— Принцесо, — сказав він, — звинувачуй свою красу в моїй сміливості
"I hope I have not displeased you"
«Сподіваюся, я вам не сподобався»
she said she willingly obeyed her father in this matter
Вона сказала, що охоче послухалася батька в цьому питанні
because she had seen that he is handsome

Бо вона бачила, що він гарний
After the wedding had taken place Aladdin led her into the hall
Після весілля Аладдін повів її в зал
here a feast was spread out in the hall
Тут у залі влаштували бенкет
and she supped with him
І вона благала його
after eating they danced till midnight
Поївши, вони танцювали до півночі

The next day Aladdin invited the Sultan to see the palace
На наступний день Аладдін запросив султана подивитися палац
they entered the hall with the four-and-twenty windows
Вони увійшли до зали з чотирма двадцятьма вікнами
the windows were decorated with rubies, diamonds, and emeralds
Вікна були прикрашені рубінами, діамантами та смарагдами
he cried "It is a world's wonder!"
— вигукнув він. — Це диво світу!
"There is only one thing that surprises me"
«Мене дивує лише одне»
"Was it by accident that one window was left unfinished?"
— Невже випадково одне вікно залишилося недобудованим?
"No, sir, it was done so by design" replied Aladdin
— Ні,, це було зроблено навмисно, — відповів Аладдін
"I wished your Majesty to have the glory of finishing this palace"

«Я побажав, щоб ваша величність мала славу
закінчити цей палац»
The Sultan was pleased to be given this honour
Султан був радий, що йому випала така честь
and he sent for the best jewellers in the city
І послав він за найкращими ювелірами в місті
He showed them the unfinished window
Він показав їм недобудоване вікно
and he bade them to decorate it like the others
І він звелів їм прикрасити його, як і інші
"Sir" replied their spokesman
— Пане, — відповів їхній речник
"we cannot find enough jewels"
«Ми не можемо знайти достатньо коштовностей»
so the Sultan had his own jewels fetched
тому султан приніс свої коштовності
but those jewels were soon soon used up too
Але незабаром і ці коштовності були витрачені
even after a month's time the work was not half done
Навіть через місяць робота не була виконана
наполовину
Aladdin knew that their task was impossible
Аладдін знав, що їхнє завдання нездійсненне
he bade them to undo their work
Він наказав їм скасувати свою роботу
and he bade them carry the jewels back
І він наказав їм віднести коштовності назад
the genie finished the window at his command
Джин закінчив вікно за його командою
The Sultan was surprised to receive his jewels again
Султан був здивований, коли знову отримав свої
коштовності

he visited Aladdin, who showed him the window finished
він відвідав Аладдіна, який показав йому готове вікно
and the Sultan embraced his son in law
І султан обійняв свого зятя
meanwhile, the envious Vizier suspected the work of enchantment
Тим часом заздрісний візир запідозрив роботу зачарування
Aladdin had won the hearts of the people by his gentle bearing
Аладдін завоював серця людей своєю лагідною поведінкою
He was made captain of the Sultan's armies
Він став капітаном султанських військ
and he won several battles for his army
І він виграв кілька битв для свого війська
but he remained as modest and courteous as before
Але він залишався таким же скромним і ввічливим, як і раніше
in this way he lived in peace and content for several years
Таким чином він кілька років жив спокійно і задоволено
But far away in Africa the magician remembered Aladdin
Але далеко в Африка маг згадав про Аладдіна
and by his magic arts he discovered Aladdin hadn't perished in the cave
і завдяки своєму магічному мистецтву він виявив, що Аладдін не загинув у печері
but instead of perishing he had escaped and married the princess

Але замість того, щоб загинути, він втік і одружився з принцесою
and now he was living in great honour and wealth
І тепер він жив у великій пошані та багатстві
He knew that the poor tailor's son could only have accomplished this by means of the lamp
Він знав, що син бідного кравця міг зробити це лише за допомогою лампи
and he travelled night and day until he reached the city
І мандрував він день і ніч, аж поки дійшов до міста
he was bent on making sure of Aladdin's ruin
він прагнув переконатися, що Аладдін загинув
As he passed through the town he heard people talking
Проходячи через місто, він почув, як люди розмовляють
all they could talk about was a marvellous palace
Все, про що вони могли говорити, це про чудовий палац
"Forgive my ignorance," he asked
«Пробачте моє невігластво», — попросив він
"what is this palace you speak of?"
— Що це за палац, про який ви говорите?
"Have you not heard of Prince Aladdin's palace?" was the reply
«Хіба ви не чули про палац принца Аладдіна?» — була відповідь
"it is the greatest wonder of the world"
«Це найбільше чудо світу»
"I will direct you to the palace, if you would like to see it"
«Я проведу тебе до палацу, якщо ти хочеш його побачити»

The magician thanked him for bringing him to the palace
Маг подякував йому за те, що він привів його до палацу
and having seen the palace, he knew that it had been raised by the Genie of the Lamp
і, побачивши палац, він зрозумів, що його виростив Джин Лампи
this made him half mad with rage
Це звело його з розуму від люті
He determined to get hold of the lamp
Він вирішив заволодіти лампою
and he would again plunge Aladdin into the deepest poverty
і він знову занурить Аладдіна в найглибшу бідність
Unluckily, Aladdin had gone a-hunting for eight days
На жаль, Аладдін вісім днів ходив на полювання
this gave the magician plenty of time
Це дало фокуснику достатньо часу
He bought a dozen copper lamps
Він купив десяток мідних ламп
and he put them into a basket
І він поклав їх до коша
and he went to the palace
І пішов він до палацу
"New lamps for old!" he exclaimed
«Нові лампи для старих!» — вигукнув він
and he was followed by a jeering crowd
А за ним насміхався натовп
The Princess was sitting in the hall of four-and-twenty windows
Принцеса сиділа в передпокої з чотирма двадцятьма вікнами

she sent a servant to find out what the noise was about
Вона послала слугу, щоб довідатися, що це за шум
the servant came back laughing so much that the Princess scolded her
слуга повернувся з таким сміхом, що принцеса вилаяла її
"Madam," replied the servant
— Пані, — відповів слуга
"who can help but laughing when you see such a thing?"
— Хто може не сміятися, коли бачиш таке?
"an old fool is offering to exchange fine new lamps for old ones"
«Старий дурень пропонує обміняти нові гарні лампи на старі»
Another servant, hearing this, spoke up
Інший слуга, почувши це, заговорив
"There is an old lamp on the cornice there which he can have"
«На карнизі є стара лампа, яку він може мати»
this, of course, was the magic lamp
Це, звичайно ж, була чарівна лампа
Aladdin had left it there, as he could not take it out hunting with him
Аладдін залишив його там, оскільки не міг вивезти його з собою на полювання
The Princess didn't know know the lamp's value
Принцеса не знала, чого варта лампа
laughingly she bade the servant to exchange it
Сміючись, вона попросила слугу обміняти його
the servant took the lamp to the magician
Слуга відніс світильник чарівнику
"Give me a new lamp for this" she said

— Дай мені для цього нову лампу, — сказала вона
He snatched it and bade the servant to take her choice
Він вихопив її і наказав слузі зробити свій вибір
and all the crowd jeered at the sight
І весь натовп насміхався, побачивши це
but the magician cared little for the crowd
Але фокусник мало дбав про натовп
he left the crowd with the lamp he had set out to get
Він вийшов з натовпу з лампою, яку збирався дістати
and he went out of the city gates to a lonely place
І вийшов він за міські ворота в безлюдне місце
there he remained till nightfall
Там він залишався до ночі
and it nightfall he pulled out the lamp and rubbed it
А коли настала ніч, він витяг лампу і потер її
The genie appeared to the magician
Джин з'явився чарівнику
and the magician made his command to the genie
І маг дав свій наказ джину
"carry me, the princess, and the palace to a lonely place in Africa"
«Віднесіть мене, принцесу і палац у відлюдне місце в Африка»

Next morning the Sultan looked out of the window toward Aladdin's palace
Наступного ранку султан подивився у вікно на палац Аладдіна
and he rubbed his eyes when he saw the palace was gone
І він протер очі, коли побачив, що палацу немає
He sent for the Vizier and asked what had become of the palace

Він послав за візиром і запитав, що сталося з палацом
The Vizier looked out too, and was lost in astonishment
Візир теж визирнув і розгубився від подиву
He again put it down to enchantment
Він знову поклав її на чари
and this time the Sultan believed him
і цього разу султан повірив йому
he sent thirty men on horseback to fetch Aladdin in chains
він послав тридцять чоловік на конях, щоб закувати Аладдіна в кайданах
They met him riding home
Вони зустріли його по дорозі додому
they bound him and forced him to go with them on foot
Вони зв'язали його і змусили йти з ними пішки
The people, however, who loved him, followed them to the palace
Але люди, які любили його, пішли за ними до палацу
they would make sure that he came to no harm
Вони подбають про те, щоб він не зазнав шкоди
He was carried before the Sultan
Його несли до султана
and the Sultan ordered the executioner to cut off his head
І султан наказав катові відрубати йому голову
The executioner made Aladdin kneel down before a block of wood
Кат змусив Аладдіна стати на коліна перед дерев'яною брилою
he bandaged his eyes so that he could not see
Він перев'язав очі так, що не бачив
and he raised his scimitar to strike
І він підняв ятаган, щоб вдарити

At that instant the Vizier saw the crowd had forced their way into the courtyard
У цю мить візир побачив, що натовп пробрався на подвір'я
they were scaling the walls to rescue Aladdin
вони підіймалися на стіни, щоб врятувати Аладдіна
so he called to the executioner to halt
І він покликав ката, щоб той зупинився
The people, indeed, looked so threatening that the Sultan gave way
Народ, справді, виглядав настільки загрозливо, що султан поступився місцем
and he ordered Aladdin to be unbound
і він наказав розв'язати Аладдіна
he pardoned him in the sight of the crowd
Він помилував його на очах натовпу
Aladdin now begged to know what he had done
Тепер Аладдін благав дізнатися, що він зробив
"False wretch!" said the Sultan "come thither"
— Фальшивий негіднику, — сказав султан, — іди сюди.
he showed him from the window the place where his palace had stood
Він показав йому з вікна місце, де стояв його палац
Aladdin was so amazed that he could not say a word
Аладдін був настільки вражений, що не міг вимовити ні слова
"Where is my palace and my daughter?" demanded the Sultan
«Де мій палац і моя дочка?» — запитав султан
"For the first I am not so deeply concerned"
«По-перше, я не так глибоко переймаюся»
"but my daughter I must have"

"Але моя дочка повинна бути"
"and you must find her or lose your head"
«І ти мусиш її знайти, або втратити голову»
Aladdin begged to be granted forty days in which to find her
Аладдін благав дати йому сорок днів, щоб знайти її
he promised that if he failed he would return
Він пообіцяв, що якщо зазнає невдачі, то повернеться
and on his return he would suffer death at the Sultan's pleasure
а повернувшись, він зазнає смерті на прохання султана
His prayer was granted by the Sultan
Його молитва була виконана султаном
and he went forth sadly from the Sultan's presence
І він сумно вийшов з-перед султана
For three days he wandered about like a madman
Три дні він блукав, як божевільний
he asked everyone what had become of his palace
Він розпитував усіх, що сталося з його палацом
but they only laughed and pitied him
Але вони тільки сміялися і жаліли його
He came to the banks of a river
Він вийшов на берег річки
he knelt down to say his prayers before throwing himself in
Він став навколішки, щоб помолитися, перш ніж кинутися
In so doing he rubbed the magic ring he still wore
При цьому він потер чарівний перстень, який все ще носив
The genie he had seen in the cave appeared
З'явився джин, якого він бачив у печері

and he asked him what his will was
І він спитав його, яка його воля
"Save my life, genie" said Aladdin
— Врятуй моє життя, джин, — сказав Аладдін
"bring my palace back"
«Поверніть мій палац»
"That is not in my power" said the genie
— Це не в моїх силах, — сказав джин
"I am only the Slave of the Ring"
«Я лише Раб Персня»
"you must ask him for the lamp"
«Ти мусиш попросити в нього світильника»
"that might be true" said Aladdin
— Це може бути правдою, — сказав Аладдін
"but thou canst take me to the palace"
"Але ти можеш відвести мене до палацу"
"set me down under my dear wife's window"
«Посадіть мене під вікно моєї любої дружини»
He at once found himself in Africa
Він одразу опинився в Африка
he was under the window of the Princess
він був під вікном Принцеси
and he fell asleep out of sheer weariness
І заснув він від утоми
He was awakened by the singing of the birds
Його розбудив спів птахів
and his heart was lighter than it was before
І серце його стало світлішим, ніж було раніше
He saw plainly that all his misfortunes were owing to the loss of the lamp
Він ясно бачив, що всі його нещастя пов'язані з втратою світильника
and he vainly wondered who had robbed him of it

І він даремно дивувався, хто його вкрав
That morning the Princess rose earlier than she normally
Того ранку принцеса встала раніше, ніж зазвичай
once a day she was forced to endure the magicians company
Раз на день вона була змушена терпіти компанію магів
She, however, treated him very harshly
Вона, однак, поводилася з ним дуже жорстоко
so he dared not live with her in the palace
Тому він не наважився жити з нею в палаці
As she was dressing, one of her women looked out and saw Aladdin
Коли вона одягалася, одна з її жінок визирнула і побачила Аладдіна
The Princess ran and opened the window
Принцеса побігла і відчинила вікно
at the noise she made Aladdin looked up
від шуму, який вона зробила, Аладдін підвів очі
She called to him to come to her
Вона покликала його, щоб він прийшов до неї
it was a great joy for the lovers to see each other again
Для закоханих було великою радістю знову побачити один одного
After he had kissed her Aladdin said:
Після того, як він поцілував її, Аладдін сказав:
"I beg of you, Princess, in God's name"
«Благаю тебе, княгине, в ім'я Боже»
"before we speak of anything else"
«Перш ніж говорити про щось інше»
"for your own sake and mine"
"Заради вас самих і Моїх"

"tell me what has become of the old lamp"
«Розкажи мені, що сталося зі старою лампою»
"I left it on the cornice in the hall of four-and-twenty windows"
«Я залишив його на карнизі в залі з чотирма двадцятьма вікнами»
"Alas!" she said, "I am the innocent cause of our sorrows"
«На жаль, — сказала вона, — я невинна причина наших скорбот»
and she told him of the exchange of the lamp
І вона розповіла йому про обмін світильника
"Now I know" cried Aladdin
— Тепер я знаю, — вигукнув Аладдін
"we have to thank the magician for this!"
— Треба дякувати чарівникові за це!
"Where is the lamp?"
— А де ж лампа?
"He carries it about with him" said the Princess
— Він носить її з собою, — сказала Принцеса
"I know he carries the lamp with him"
«Я знаю, що він носить світильник із собою»
"because he pulled it out of his breast to show me"
"Тому що він витягнув його з грудей, щоб показати мені"
"and he wishes me to break my faith with you and marry him"
"І він хоче, щоб я порушила свою віру з тобою і вийшла за нього заміж"
"and he said you were beheaded by my father's command"
«І він сказав, що ти обезголовлений за наказом мого батька»

"He is for ever speaking ill of you"
«Він завжди говорить про вас погано»
"but I only reply by my tears"
«Але я відповідаю лише сльозами»
"If I persist, I doubt not"
«Якщо я наполягаю, я не сумніваюся»
"but he will use violence"
«Але він застосує насильство»
Aladdin comforted his wife
Аладдін заспокоїв дружину
and he left her for a while
І він покинув її на деякий час
He changed clothes with the first person he met in the town
Він переодягнувся з першою людиною, яку зустрів у місті
and having bought a certain powder, he returned to the Princess
і, купивши якогось порошку, повернувся до принцеси
the Princess let him in by a little side door
Принцеса впустила його через маленькі бічні двері
"Put on your most beautiful dress" he said to her
— Одягни свою найкрасивішу сукню, — сказав він їй
"receive the magician with smiles today"
«Прийміть чарівника з посмішками вже сьогодні»
"lead him to believe that you have forgotten me"
«Змусити його повірити, що ти мене забув»
"Invite him to sup with you"
«Запроси його повечеряти з тобою»
"and tell him you wish to taste the wine of his country"
"І скажи йому, що хочеш скуштувати вина його країни"
"He will be gone for some time"

«Його не буде на деякий час»
"while he is gone I will tell you what to do"
«Поки його не буде, я скажу тобі, що робити»
She listened carefully to Aladdin
Вона уважно слухала Аладдіна
and when he left she arrayed herself beautifully
І коли він пішов, вона гарно вбралася
she hadn't dressed like this since she had left her city
Вона так не одягалася з того часу, як покинула своє місто
She put on a girdle and head-dress of diamonds
Вона одягла пояс і головний убір з діамантів
she was more beautiful than ever
Вона була прекрасніша, ніж будь-коли
and she received the magician with a smile
І вона прийняла чарівника з посмішкою
"I have made up my mind that Aladdin is dead"
«Я вирішив, що Аладдін мертвий»
"my tears will not bring him back to me"
«Мої сльози не повернуть його до мене»
"so I am resolved to mourn no more"
"Тому я постановив більше не сумувати"
"therefore I invite you to sup with me"
"Тому я запрошую вас повечеряти зі мною"
"but I am tired of the wines we have"
«Але я втомився від вин, які у нас є»
"I would like to taste the wines of Africa"
«Я хотів би продегустувати вина Африка»
The magician ran to his cellar
Чарівник побіг до свого льоху
and the Princess put the powder Aladdin had given her in her cup

і Принцеса поклала порошок, який дав їй Аладдін, у свою чашку
When he returned she asked him to drink her health
Коли він повернувся, вона попросила його випити її здоров'я
and she handed him her cup in exchange for his
І вона подала йому свою чашу в обмін на його
this was done as a sign to show she was reconciled to him
Це було зроблено на знак того, що вона примирилася з ним
Before drinking the magician made her a speech
Перед тим, як випити, фокусник виголосив їй промову
he wanted to praise her beauty
Він хотів похвалити її красу
but the Princess cut him short
але принцеса обірвала його
"Let us drink first"
«Давайте спочатку вип'ємо»
"and you shall say what you will afterwards"
"А потім скажеш, що хочеш"
She set her cup to her lips and kept it there
Вона піднесла чашку до губ і тримала її там
the magician drained his cup to the dregs
Чарівник осушив свою чашу до дна
and upon finishing his drink he fell back lifeless
І, допивши, він упав назад бездиханний
The Princess then opened the door to Aladdin
Тоді принцеса відчинила двері Аладдіну
and she flung her arms round his neck
І вона обняла його за шию
but Aladdin asked her to leave him

але Аладдін попросив її залишити його
there was still more to be done
Попереду було ще багато роботи
He then went to the dead magician
Потім він пішов до мертвого мага
and he took the lamp out of his vest
І він вийняв світильника з жилета свого
he bade the genie to carry the palace back
Він наказав джину віднести палац назад
the Princess in her chamber only felt two little shocks
Принцеса у своїй кімнаті відчула лише два маленькі поштовхи
in little time she was at home again
Невдовзі вона знову була вдома
The Sultan was sitting on his balcony
Султан сидів на своєму балконі
he was mourning for his lost daughter
Він оплакував втрачену доньку
he looked up and had to rub his eyes again
Він підвів очі і змушений був знову протерти очі
the palace stood there as it had before
Палац стояв, як і раніше
He hastened over to the palace to see his daughter
Він поспішив до палацу, щоб побачитися з дочкою
Aladdin received him in the hall of the palace
Аладдін прийняв його в залі палацу
and the princess was at his side
І принцеса була поруч з ним
Aladdin told him what had happened
Аладдін розповів йому, що сталося
and he showed him the dead body of the magician
І показав йому мертве тіло чарівника
so that the Sultan would believe him

щоб султан повірив йому

A ten days' feast was proclaimed

Було оголошено десятиденний бенкет

and it seemed as if Aladdin might now live the rest of his life in peace

і здавалося, що Аладдін тепер може спокійно прожити решту свого життя

but it was not to be as peaceful as he had hoped

Але не так мирно, як він сподівався

The African magician had a younger brother

У африканського мага був молодший брат

he was maybe even more wicked and cunning than his brother

Можливо, він був ще більш злим і хитрим, ніж його брат

He travelled to Aladdin to avenge his brother's death

Він вирушив до Аладдіна, щоб помститися за смерть брата

he went to visit a pious woman called Fatima

він пішов провідати благочестиву жінку на ім'я Фатіма

he thought she might be of use to him

Він подумав, що вона може бути йому корисною

He entered her cell and clapped a dagger to her breast

Він увійшов до її камери і приклав до грудей кинджал

then he told her to rise and do his bidding

Тоді він наказав їй встати і виконати його наказ

and if she didn't he said he would kill her

А якщо вона цього не зробить, він сказав, що вб'є її

He changed his clothes with her

Він переодягнувся разом з нею

and he coloured his face like hers

І він розфарбував своє обличчя, як у неї

he put on her veil so that he looked just like her
Він одягнув на неї фату, щоб бути схожим на неї
and finally he murdered her despite her compliance
І, нарешті, він убив її, незважаючи на її покору
so that she could tell no tales
Щоб вона не могла розповідати казок
Then he went towards the palace of Aladdin
Потім він вирушив до палацу Аладдіна
all the people thought he was the holy woman
Всі люди думали, що це свята жінка
they gathered round him to kiss his hands
Вони зібралися навколо нього, щоб поцілувати йому руки
and they begged for his blessing
І вони благали Його благословення
When he got to the palace there a great commotion around him
Коли він дійшов до палацу, навколо нього зчинився великий переполох
the princess wanted to know what all the noise was about
Принцеса хотіла знати, про що весь цей галас
so she bade her servant to look out of the window for her
Тож вона звеліла своєму слузі, щоб він подивився на неї у вікно
and her servant asked what the noise was all about
А слуга її спитала, що це за шум
she found out it was the holy woman causing the commotion
Вона з'ясувала, що це свята жінка спричинила переполох

she was curing people of their ailments by touching them
Вона зцілювала людей від їхніх недуг, торкаючись до них

the Princess had long desired to see Fatima
Принцеса давно хотіла побачити Фатіму

so she get her servant to ask her into the palace
Тож вона змусила свого слугу запросити її до палацу

and the false Fatima accepted the offer into the palace
і фальшива Фатіма прийняла пропозицію увійти до палацу

the magician offered up a prayer for her health and prosperity
Чарівниця піднесла молитву за її здоров'я і благополуччя

the Princess made him sit by her
Принцеса змусила його сісти біля неї

and she begged him to stay with her
І вона благала його залишитися з нею

The false Fatima wished for nothing better
Фальшива Фатіма не бажала нічого кращого

and she consented to the princess' wish
І вона погодилася на бажання принцеси

but he kept his veil down
Але він тримав покривало опущеним

because he knew that he would be discovered otherwise
Тому що він знав, що інакше його викриють

The Princess showed him the hall
Принцеса показала йому зал

and she asked him what he thought of it
І вона запитала його, що він про це думає

"It is truly beautiful" said the false Fatima

— Вона справді прекрасна, — сказала фальшива Фатіма

"but in my mind your palace still wants one thing"

— Але, на мою думку, твій палац ще хоче одного.

"And what is that?" asked the Princess

«А що це таке?» — запитала Принцеса

"If only a Roc's egg were hung up from the middle of this dome"

«Якби з середини цього купола повісили яйце Рока»

"then it would be the wonder of the world" he said

"Тоді це було б чудо світу", - сказав він

After this the Princess could think of nothing but the Roc's egg

Після цього Принцеса не могла думати ні про що, крім яйця Рока

when Aladdin returned from hunting he found her in a very ill humour

коли Аладдін повернувся з полювання, він застав її в дуже поганому настрої

He begged to know what was amiss

Він благав дізнатися, що не так

and she told him what had spoiled her pleasure

І вона розповіла йому, що зіпсувало їй задоволення

"I'm made miserable for the want of a Roc's egg"

«Я став нещасним через брак яйця Рока»

"If that is all you want you shall soon be happy" replied Aladdin

— Якщо це все, чого ти хочеш, то скоро будеш щасливий, — відповів Аладдін

he left her and rubbed the lamp

Він покинув її і потер лампу

when the genie appeared he commanded him to bring a Roc's egg коли джин з'явився, він наказав йому принести яйце Рока

The genie gave such a loud and terrible shriek that the hall shook

Джин видав такий гучний і страшний вереск, що зал здригнувся

"Wretch!" he cried, "is it not enough that I have done everything for you?"

— Нещасний, — вигукнув він, — хіба не досить, що я все зробив для тебе?

"but now you command me to bring my master"

— А тепер ти наказуєш мені привести мого пана.

"and you want me to hang him up in the midst of this dome"

— А ти хочеш, щоб я повісив його посеред цього купола.

"You and your wife and your palace deserve to be burnt to ashes"

«Ти, твоя дружина і твій палац заслуговуєте на те, щоб бути спаленими дотла»

"but this request does not come from you"

«Але це прохання не від вас»

"the demand comes from the brother of the magician"

«Вимога походить від брата чарівника»

"the magician whom you have destroyed"

«Чарівник, якого ти знищив»

"He is now in your palace disguised as the holy woman"

«Він зараз у вашому палаці, переодягнений у святу жінку»

"the real holy woman he has already murdered"

«Справжню святу жінку, яку він уже вбив»

"it was him who put that wish into your wife's head"

«Це він вклав це бажання в голову твоєї дружини»

"Take care of yourself, for he means to kill you"
«Бережи себе, бо він хоче тебе вбити»
upon saying this the genie disappeared
Сказавши це, джин зник
Aladdin went back to the Princess
Аладдін повернувся до принцеси
he told her that his head ached
Він розповів їй, що у нього болить голова
so she requested the holy Fatima to be fetched
Тому вона попросила принести святу Фатіму
she could lay her hands on his head
Вона могла покласти руки йому на голову
and his headache would be cured by her powers
І його головний біль буде вилікуваний її силами
when the magician came near Aladdin seized his dagger
коли маг наблизився, Аладдін схопив свій кинджал
and he pierced him in the heart
І він проколов його в серце
"What have you done?" cried the Princess
«Що ти наробила?» — скрикнула Принцеса
"You have killed the holy woman!"
— Ти вбив святу жінку!
"It is not so" replied Aladdin
— Це не так, — відповів Аладдін
"I have killed a wicked magician"
«Я вбив злого чарівника»
and he told her of how she had been deceived
І він розповів їй про те, як її обманули
After this Aladdin and his wife lived in peace
Після цього Аладдін і його дружина жили спокійно
He succeeded the Sultan when he died
Він став наступником султана після його смерті
he reigned over the kingdom for many years

Він царював над королівством багато років
and he left behind him a long lineage of kings
І він залишив по собі довгий рід царів

The End
Кінець

www.tranzlaty.com

www.ingramcontent.com/pod-product-compliance
Lightning Source LLC
Chambersburg PA
CBHW011954090526
44591CB00020B/2765